Fabian Kurz

eLearning - Alternative oder Ergänzung zur Präsenzver-
anstaltung?

GRIN Verlag

Bibliografische Information der Deutschen Nationalbibliothek:

Die Deutsche Bibliothek verzeichnet diese Publikation in der Deutschen National-
bibliografie; detaillierte bibliografische Daten sind im Internet über http://dnb.d-
nb.de/ abrufbar.

Impressum:

Copyright © 2005 GRIN Verlag GmbH
Druck und Bindung: Books on Demand GmbH, Norderstedt Germany
ISBN: 978-3-638-79264-6

Dieses Buch bei GRIN:

http://www.grin.com/de/e-book/59716/elearning-alternative-oder-ergaenzung-zur-
praesenzveranstaltung

GRIN - Your knowledge has value

Der GRIN Verlag publiziert seit 1998 wissenschaftliche Arbeiten von Studenten, Hochschullehrern und anderen Akademikern als eBook und gedrucktes Buch. Die Verlagswebsite www.grin.com ist die ideale Plattform zur Veröffentlichung von Hausarbeiten, Abschlussarbeiten, wissenschaftlichen Aufsätzen, Dissertationen und Fachbüchern.

Besuchen Sie uns im Internet:

http://www.grin.com/

http://www.facebook.com/grincom

http://www.twitter.com/grin_com

eLearning

Alternative oder Ergänzung
zur Präsenzveranstaltung?

Hausarbeit

an der

FHWT Vechta

im Rahmen des Studiengangs zum

Diplom-Wirtschaftsinformatiker (FH)

vorgelegt von

Fabian Kurz

aus

Hannover

Datum: 31.01.2005

- I -

Inhaltsverzeichnis

Abkürzungsverzeichnis

BTV	Business Television
CBT	Computer Based Training
CD	Compact Disc
DVD	Digital Versatile Disc
VC	Virtual Classroom
WBT	Web Based Training

1   Einleitung

1.1   Einführung in die Thematik

Globalisierung, erhöhter Wettbewerbsdruck und eine Vielzahl technologischer Innovationen stellen Unternehmen heutzutage immer wieder vor neue und unerwartete Herausforderungen. Mitarbeiter stehen neuen Aufgaben gegenüber und müssen immer höhere Erwartungen erfüllen. Diese Tatsache trägt dazu bei, dass betriebliches Lernen als eine zwingend erforderliche Investition in die Zukunft betrachtet werden muss. Gegenüber den herkömmlichen monetären Vermögensgegenständen wird Wissen deshalb immer häufiger als gleichwertiges Gut bezeichnet.[1]

Wie kann das im Betrieb benötigte Wissen aufgebaut, erhalten und weitergegeben werden? Früher wurden Seminare, Schulungen und Workshops mit dieser Fragestellung assoziiert, während heute in diesem Zusammenhang oft die Themen Wissensmanagement und eLearning genannt werden. Welche der beiden Methoden der Wissensvermittlung sich besser eignet, hängt nicht zu letzt vom Unternehmen und den Mitarbeitern selbst ab. Vor dem Hintergrund des stets steigenden Kostendrucks scheint eLearning sich gegenüber den konventionellen Präsenzveranstaltungen immer weiter in den Vordergrund zu drängen.

Obwohl Wissensmanagement und eLearning nur schwer voneinander zu trennen sind, beschränkt sich die Arbeit in diesem Fall auf das Thema eLearning, da sonst der vorgegebene Rahmen überschritten werden würde.

1.2   Ziel und Struktur der Arbeit

In dieser Arbeit soll die grundlegende Fragestellung behandelt werden, in wie fern Weiterbildungsmaßnahmen in Form von eLearning eine Alternative oder eine Ergänzung zu den konventionellen Präsenzveranstaltungen darstellen können.

---

[1]   Vgl.: THINQ's Research Department (Hrsg.) (o. Jg.), http://www.llmagazine.com/e_learn/resources/pdfs/ROI_training.pdf.

Hierzu wird in Kapitel 2 auf eine Auswahl unterschiedlicher Formen des eLearnings und der klassischen Präsenzveranstaltungen eingegangen. Kapitel 3 beschäftigt sich mit der Definition von Kriterien zur Bewertung der verschiedenen Lern- und Lehrmethoden, die im vierten Kapitel auf die vorangegang Formen angewandt und diskutiert werden. Des Weiteren wird auf mögliche Probleme bei der Einführung von eLearning eingegangen und es werden Lösungsansätze formuliert. Abschließend erfolgt ein Fazit.

2 Grundlagen

2.1 Formen des eLearnings

Der Begriff eLearning steht für electronic learning und beschreibt einen durch Elektronik unterstützten Lernprozess Die Definitionen reichen vom einfachen Lernprogramm auf Compact Disc (CD) oder Digital Versatile Disc (DVD) bis hin zu unternehmensübergreifend vernetzten Lernportalen zur Umsetzung der individuell abgestimmten Personalentwicklungsziele.

Grundsätzlich wird bei eLearning zwischen synchronem und asynchronem Informationsaustausch unterschieden. Während erster durch bidirektionale Kommunikation in Echtzeit am ehesten der traditionellen Lernmethode entspricht, erfolgt bei letzterem eine zeitversetzte Diskussion beispielsweise in Form von eMail oder Forenbeiträgen.[2]

Computer Based Training (CBT) ist die älteste Form des eLearnings. Es existiert bereits seit 1980 und bezeichnet meist Programme mit multimedialen Inhalten auf CD oder DVD, die zum Selbststudium verwendet werden. Diese Art des computergestützten Lernens wird häufig bei der Vermittlung kognitiven Wissens eingesetzt wie beispielsweise dem Erlernen von Fachwissen oder Fremdsprachen.[3]

---

[2] Vgl.: Köllinger, P. (2002), http://www.symposion.de/elearning-r/elr_02.htm
[3] Vgl.: Mandl, H. / Winker, K. (2003), S. 3-4.

Bei der Weiterentwicklung von CBT wird der Informationsaustausch und die Kommunikation nicht auf den so genannten stand-alone Arbeitsplatz beschränkt, sondern erfolgt durch eine Vernetzung über Intranet oder Internet weltweit. Diese Form nennt sich Web Based Training (WBT) und bietet eine Reihe von weiterführenden Möglichkeiten der Interaktion und Kommunikation. So können Dozenten und Teilnehmer zum einen über eMail, Foren, Newsgroups oder auch per Chat Fragen stellen und Antworten geben. Zum anderen besteht die Möglichkeit auf stets aktualisierte Unterlagen aus dem gesamten vernetzten Bereich zuzugreifen.[4]

Der im Zusammenhang mit eLearning häufig fallende Begriff des virtuellen Klassenzimmers, oder auch Virtual Classroom (VC), bezeichnet „die Vermittlung von Lerninhalten im Rahmen einer virtuellen Schulung"[5], wobei Dozenten und Teilnehmer räumlich getrennt sind, jedoch durch audio-visuelle Übertragung über das Internet in einem fiktiven Raum zusammengeführt werden. Diese Form ermöglicht sowohl das gemeinsame Bearbeiten von Aufgaben und Dokumenten als auch die Bildung von Gruppen. So können auch Diskussionen in voneinander separierten Teams geführt werden.

Business Television (BTV) ist eine speziell auf die Unternehmenskommunikation ausgerichtete Form des eLearnings, bei der sowohl Mitarbeiter und Kunden als auch Lieferanten und Anteilseigner informiert, motiviert und geschult werden sollen. Die Informationsvermittlung erfolgt hierbei über Fernsehgeräte, die zum Teil auch kombiniert mit Zusatzkomponenten die Einbindung von interaktiven Inhalten erlauben.[6] So können beispielsweise gezielt Informationen zu bestimmten Themen abgerufen werden, wie eine Bilanzanalyse nach eigens gewählten Kriterien.

2.2 Präsenzveranstaltungen

Sowohl in der öffentlichen Bildung als auch im betrieblichen Umfeld wird ein Großteil der Bildungsmaßnahmen in Form von Präsenzveranstaltungen absolviert. So beginnt üblicherweise die schulische Laufbahn im Alter von etwa sieben Jahren mit der

---

[4] Vgl.: Mandl, H. / Winker, K. (2003), S. 4.
[5] Mandl, H. / Winker, K. (2003), S. 4.
[6] Vgl.: Harhoff, D. / Küpper, C. (2003), 19.

Grundschule. Daran schließen sich die weiterführenden Schulen bis zum entsprechenden Schulabschluss an. Sowohl bei Beginn einer Berufsausbildung als auch bei Aufnahme eines Studiums sind die Lehrveranstaltungen durch Kommunikation mit einem Tutor gekennzeichnet. Diese Form des Lernens setzt sich ebenfalls bei anderen Weiterbildungseinrichtungen, wie beispielsweise der Volkshochschule oder beim Bildungsverein fort.

Im Bereich der Erwachsenenbildung vor dem Hintergrund der betrieblichen Fort- und Weiterbildung, kommen Seminare, Schulungen, Workshops oder aber auch Konzepte, wie training-on-the-job und Jobrotation zum Einsatz. Während die beiden letzt genannten nur wegen der Kommunikation mit einem Individuum anstatt eines Computers hier aufgeführt werden, sind die drei erst genannten eindeutig den Präsenzveranstaltungen zuzuordnen.

Für die weitere Betrachtung und anschließende Bewertung wird im Folgenden ausschließlich auf die Anwendung von Präsenzveranstaltungen im betrieblichen Umfeld eingegangen und mit der möglichen Alternative oder Ergänzung eLearning verglichen.

3 Aufstellung eines Kriterienkatalogs

3.1 Individualität

Individualität bezeichnet die Eigenschaften eines Objektes, das in Beziehung zu anderen Objekten steht, selbst aber weder Eigenschaft noch Objekt ist und meint die Persönlichkeit eines Menschen, die durch unterschiedliche Persönlichkeitsfaktoren, wie beispielsweise Belastbarkeit oder Flexibilität ausgedrückt werden kann.[7]

Beim Lernen spielt die Individualität in Form von Lernbereitschaft, Aufnahmefähigkeit, technischem Verständnis und Organisationsvermögen eine wichtige Rolle. Wie schnell kann der zu vermittelnde Stoff aufgenommen werden?

---

[7] Vgl.: www.wissen.de

Sind Vorkenntnisse und Interessen erforderlich oder vorhanden und wie ist die Fähigkeit zur Selbstmotivation ausgeprägt? Bei der Klärung der Fragestellung, ob eLearning als Alternative oder als Ergänzung zu Präsenzveranstaltungen etabliert werden kann, ist zu analysieren, inwiefern die Vermittlung der Lerninhalte auf das Individuum abgestimmt werden kann. Faktoren, wie beispielsweise Geschwindigkeit und Intensität sollten möglichst mit den individuellen Gegebenheiten übereinstimmen.

3.2 Effektivität

Effektivität wird als Wirksamkeit bezeichnet.[8] Sie stellt den Zielerreichungsgrad bezogen auf die Erlangung des zu vermittelnden Wissens in einer vorgegebenen Zeit dar. Sowohl das zu vermittelnde Wissen als auch die Zeit müssen vorher definiert werden, da sonst ein Abgleich des zu erreichenden Soll- mit dem erreichten Ist-Zustand nicht möglich ist.

3.3 Effizienz

Während die Effektivität als ein absolutes Maß gilt, wird Effizienz als Verhältnis von Zielerreichungsgrad zu dem dazu notwendigen Ressourceneinsatz bezeichnet. Dieser ist sowohl in Zeit als auch in finanziellen Aufwand zu unterteilen. Wie viel Zeit und Geld ist für den Besuch von Seminaren oder eLearning-Maßnahmen notwendig? Steht das erlernte Wissen in angemessenem Verhältnis zum Aufwand?
Die finanziellen Mittel für entsprechende Investitionen sind leicht zu bestimmen, während sowohl der Nutzen als auch die nicht monetären Aufwendungen, wie beispielsweise die Bewertung der Abwesendheit der Mitarbeiter vom Arbeitsplatz, Probleme bei der Ermittlung hervorrufen können.

3.4 Nachhaltigkeit

Das Kriterium der Nachhaltigkeit bezieht sich sowohl auf die Aufnahme und Speicherung als auch auf den Abruf von Informationen. Welche Inhalte können über

---

[8] Vgl.: www.wissen.de

welches Medium vermittelt werden oder wie können die unterschiedlichen Formen des Lernens möglichst zielorientiert eingesetzt werden?

3.5 Aktualität

Anhand dieser Kategorie soll zum einen die derzeitige Aktualität und zum anderen die Möglichkeiten zum Erhalt der künftigen Aktualität betrachtet werden. Inwiefern lassen sich eLearning-Produkte updaten und wie zeitgemäß können Seminare sein? Hierbei spielen sowohl die organisatorischen als auch technischen Möglichkeiten bei der Umsetzung von Veränderungs- und Aktualisierungsmaßnahmen eine entscheidende Rolle.

4 Analyse der Lernmethoden

4.1 Bewertung anhand des Kriterienkatalogs

Bei konventionellen Präsenzveranstaltungen stehen Dozenten stets vor dem Problem gleichzeitig individuell auf jeden Lehrgangsteilnehmer einzugehen und dabei immer das Ziel der gesamten Gruppe nicht aus den Augen zu verlieren. Der Inhalt kann nur auf eine Mehrheit ausgerichtet sein. Verständnisprobleme aufgrund heterogener Vorkenntnisse und Lerneigenschaften sind gerade bei großen Gruppen nur schwer zu identifizieren. Selbst, wenn lernschwache Teilnehmer bekannt sind, darf die Gruppe hieraus nicht benachteiligt werden. Der Dozent sollte durch geschickte Aufgabenstellung sowohl schwache als auch starke Teilnehmer fördern und fordern können.

Beim Einsatz von eLearning eröffnet sich das Potential im Gegensatz zu den üblichen Präsenzveranstaltungen, ein individualisiertes Lernprogramm zu absolvieren, welches den persönlichen Fähigkeiten angepasst ist. Sowohl Eingangstests als auch Lernerfolgskontrollen während der Übungsphasen sorgen dafür, dass der Teilnehmer erstens nur die für ihn relevanten Informationen erhält und zweitens diese in einer für ihn angemessen Geschwindigkeit zur Verfügung gestellt werden, damit der Verarbeitungsprozess gewährleistet ist. Hat der

Teilnehmer den entsprechenden Status noch nicht erreicht, wird er nicht durch Informationen verwirrt, für die es an notwendigem Basiswissen mangelt.[9]

Aus einer Studie von Gregory L. Adams aus dem Jahre 1992 geht hervor, dass durch eLearning sowohl die Geschwindigkeit, der Behaltensgrad als auch die Beständigkeit des Lernens im Gegensatz zu traditionellen Präsenzveranstaltungen signifikant verbessert werden könne.[10] Ziel des eLearnings, bezogen auf das betriebliche Lernumfeld, ist ein individuell auf die Bedürfnisse des Unternehmens abgestimmtes Konzept, um den geplanten Wissenstransfer zum Mitarbeiter zu optimieren.[11]

Die Wahl der Lernform oder auch die Wahl der Medien hängt jedoch auch verstärkt von dem zu vermittelnden Stoff ab. Psychomotorische Fähigkeiten eignen sich weniger gut für den Einsatz von eLearning als theoretische und wissenschaftliche Grundlagen auf kognitiver Basis, die zudem auch keinen oder nur wenigen Veränderungen unterliegen. „Dabei wird jedoch übersehen, dass diese Grundlagen ihren Stellenwert im Studium erst aus ihrer Bedeutsamkeit für den im Diskurs immer wieder neu zu bestimmenden Studiengegenstand erhalten."[12]

An dieser Stelle sei auf die differierende Behaltensleistung hingewiesen, die beispielsweise zwischen einem Vortrag oder einem gelesenen Text und der selbstständigen Herleitung eines Sachverhaltes gegeben ist.[13] Ob und wie lange das Wissen vorrätig bleibt, hängt nicht zu letzt von den verwendeten Medien ab. Während die durchschnittliche Behaltensleistung bei visueller Wahrnehmung bei etwa 10% liegt, erhöht sich diese im auditiven Prozess auf etwa 20% und kann bis zu etwa 70% durch eine Diskussion bzw. bis zu etwa 90% bei einer eigenständigen Reproduktion gesteigert werden.

---

[9] Vgl.: THINQ's Research Department (Hrsg.) (o. Jg.), http://www.llmagazine.com/e_learn/resources/pdfs/ROI_training.pdf.
[10] Vgl.: THINQ's Research Department (Hrsg.) (o. Jg.), http://www.llmagazine.com/e_learn/resources/pdfs/ROI_training.pdf.
[11] Vgl.: Nucleus Research Inc. (Hrsg.) (2001), http://www.nucleusresearch.com/research/b19.pdf.
[12] Arnold, P. / Kilian, L. / Thillosen, A. / Zimmer, G. (Hrsg.) (2004), S. 28.
[13] Vgl.: THINQ's Research Department (Hrsg.) (o. Jg.), http://www.llmagazine.com/e_learn/resources/pdfs/ROI_training.pdf.

Das Thema Effizienz und die damit verbundene Relation zwischen Kosten und Nutzen hat für eLearning gerade bei dessen Einführung eine große Bedeutung. Der Mitarbeiter kann eLearning-Angebote von seinem Arbeitsplatz, von zu hause oder von einem eigens für das betriebliche Lernen eingerichteten Lernraum wahrnehmen. Hierdurch ergeben sich nicht nur finanzielle Vorteile, da Reise- und Übernachtungskosten eingespart werden, sondern auch zeitliche, da der Mitarbeiter seiner originären Tätigkeit weiterhin größtenteils nachgehen kann.[14] Nicht nur bei der persönlichen Weiterbildung kann die elektronische Unterstützung einen Teil zur Kostenoptimierung beitragen, auch bei Besprechungen weltweit eingesetzter Mitarbeiter kann der Einsatz von Videokonferenzsystemen oben angesprochene Kosten senken.[15]

Den deutlich sichtbaren Vorteilen, bezogen auf den Kostengesichtspunkt, stehen allerdings hohe Entwicklungs- und Betriebskosten gegenüber. Es ist nicht ungewöhnlich, dass der Aufwand für die Entwicklung vernetzter und individuell anpassbarer eLearing-Systeme die Kosten für konventionelle Präsenzveranstaltungen in Form von Seminaren um ein Vielfaches übersteigt. Dieser Kostenblock verteilt sich auf die Anzahl der Nutzer dieses Systems, was erst bei größeren Unternehmen zu der gewünschten Amortisation der Investition führen würde.[16]

Sowohl im Hochschulbereich, wo die zu vermittelnden Studieninhalte stark an die Ergebnisse von Forschungsstudien gekoppelt sind, als auch im Bereich der betrieblichen Bildung, bekommt die Aktualität eine besondere Relevanz.[17] Wie kann aber sichergestellt werden, dass die vermittelten Informationen stets dem gegenwärtigen Kenntnisstand entsprechen? Hier müssen sich einerseits die Dozenten mit entsprechenden aktuellen Materialien versorgen und andererseits sind bei eLearning-Produkten Schnittstellen zu schaffen, damit Updates benutzerorientiert und mühelos durchführbar sind.

[14] Vgl.: THINQ's Research Department (Hrsg.) (o. Jg.), http://www.llmagazine.com/e_learn/resources/pdfs/ROI_training.pdf.
[15] Vgl.: Nucleus Research Inc. (Hrsg.) (2001), http://www.nucleusresearch.com/research/b19.pdf.
[16] Vgl.: THINQ's Research Department (Hrsg.) (o. Jg.), http://www.llmagazine.com/e_learn/resources/pdfs/ROI_training.pdf.
[17] Vgl.: Arnold, P. / Kilian, L. / Thillosen, A. / Zimmer, G. (Hrsg.) (2004), S.27.

4.2 Probleme bei der Realisierung

Wird sich mit dem Gedanken beschäftigt, eLearning als Basis für die Weiterbildungsstrategie des Unternehmens einzusetzen, so sind nicht nur Kosten- und Nutzeneffekte für sich allein betrachtet zu berücksichtigen. Da es im Wesentlichen um den Mitarbeiter als Individuum geht, ist dieser in verstärktem Maße in die Betrachtung mit einzubeziehen.

Der Erfolg von eLearning-Projekten hängt unmittelbar von der Persönlichkeit der Mitarbeiter ab. Zeichnet sich eine gewisse Vertrautheit oder vielleicht sogar Affinität mit der Technik bzw. Hard- und Software ab, so ist eine Hemmschwelle schon überwunden. Der tägliche Umgang mit Computern im Arbeitsalltag begünstigt den Einsatz mit diesem Medium auch für die berufliche Weiterbildung.

Des Weiteren erfordert eLearning nicht nur ein Mindestmaß an technischem Know-How, sondern auch an Disziplin. Im Gegensatz zu Präsenzveranstaltungen bei denen der Mitarbeiter mit den Inhalten und Aufgaben konfrontiert wird, erfolgt hier der Zugriff ausschließlich selbstgesteuert, selbstorganisiert und selbstbestimmt. Sowohl das Lernpensum, die Lernumgebung als auch der Lernzeitpunkt und die Lerndauer obliegen der eigenen Entscheidung. Dies bezieht sich ebenso darauf, ob überhaupt gelernt wird. Hier wird der Mitarbeiter gefordert, sich von der fremdgesteuerten Weiterbildungsmaßnahme kommend, auf eine neue Form des Lernens einzurichten und umzustellen.

Diese Bereitschaft hängt unter anderem von den persönlichen Zielen und damit von der Einstellung zur beruflichen Weiterentwicklung ab. Lebenslanges Lernen ist schon lange kein unbekannter Terminus mehr. Doch was sind Mitarbeiter bereit zu opfern? Erfolgen die Lernphasen während oder außerhalb der Arbeitszeit? Wird die entsprechende Infrastruktur, sei es Hardware, Software oder auch der Internetzugang zur Verfügung gestellt oder sind diese Investitionen selbst zu tragen?

Die meisten Mitarbeiter können das neue Medium zwar als Arbeitsmittel akzeptieren, sehen jedoch Probleme, sich auf dieses auch bei Weiterbildungsmaßnahmen einzulassen. Ein Grund für diese Hemmnis kann die fehlende soziale Komponente darstellen. Während die konventionellen Seminare sowohl durch persönliche

Gespräche in den Pausen als auch durch gemeinsame abendliche Aktivitäten geprägt sind, so fällt diese Art von Kommunikation bei eLearning gänzlich weg. Der heutzutage immer wichtigere Aufbau informeller Netzwerke kann bei Verzicht auf Präsenzveranstaltungen ausschließlich online erfolgen. Das entscheidende Problem liegt in der für viele Menschen vorhandenen Unfähigkeit, Beziehungen über ein virtuelles Medium herzustellen. Andererseits könnte hier auch eine Chance für eher stille und zurückhaltende Mitarbeiter gesehen werden.

Präsenzveranstaltungen und eLearning unterscheiden sich sehr stark in der Art der Kommunikation. Die Onlinekommunikation beansprucht meist mehr Zeit als es bei mündlicher Kommunikation der Fall ist. Zudem erfolgt der asynchrone Kontakt beispielsweise durch eMail unidirektional, bei dem das Gegenüber, wenn überhaupt, erst verzögert antwortet.[18]

Auch für den Arbeitgeber ergeben sich Veränderungen, vor allem im organisatorischen Ablauf. Für das effektive und effiziente Lernen müssen Rahmenbedingungen geschaffen werden, die sich an dem neuen Lernmodell orientieren. Sowohl Vorgesetzte als auch Kollegen müssen durch geeignetes Marketing von dem Nutzen dieser Maßnahmen überzeugt werden, so dass diese die lernwilligen Mitarbeiter unterstützen und nicht hemmen. Hierzu gehören beispielsweise klare Vereinbarungen wann und wo der Mitarbeiter seine Lernphasen ungestört absolvieren kann. Sinnvollerweise sollte es Lerninseln oder -räume geben, wo sich ungestört zurückgezogen werden kann. Hierzu gehört auch das Vertrauen der Arbeitgeber in seine Mitarbeiter ihnen auch diese Freiräume zu gewähren.

Neben diesen organisatorischen Neuerungen sind eine Vielzahl von Investitionen im Hinblick auf Software, Hardware, Provider und Support zu tätigen.[19] Diese differieren je nach Anforderungen an das eLearning-System. Eine CD oder DVD mit einfachen Informationen zum Unternehmen und dessen Produkten ist weniger aufwendig als ein integriertes und interaktives WBT-System, mit möglichen Schnittstellen zu Personalentwicklungssystemen sowie internen und externen Datenbanken.

---

[18] Vgl.: Arnold, P. / Kilian, L. / Thillosen, A. / Zimmer, G. (Hrsg.) (2004), S. 22.
[19] Vgl.: Nucleus Research Inc. (Hrsg.) (2001), http://www.nucleusresearch.com/research/b19.pdf.

Angemerkt sei, dass die technische Umsetzung meist besser kalkulierbar ist als die Definition von Anforderungen und die klare Formulierung von Zielen.

Ein weiteres Problem ist die Etablierung des eLearing-Systems in den Arbeitsalltag. Auch bei der erfolgten Installation von beispielsweise CBT, muss dieses Angebot noch lange nicht angenommen werden. Hier sind Geschäftsführung und Vorgesetzte gefragt, die neue Lernkultur vorzuleben.

4.3 Lösungsansätze

Um die Vorteiles des eLearnings zu nutzen und dessen Nachteile zu vermeiden, sollte eine sinnvolle Kombination aus Präsenzelementen, wie beispielsweise Seminaren und Workshops mit so genannten virtuellen Distanzelementen, wie beispielsweise eLearning erfolgen. Dieses Lernszenario wird als Blended Learning oder auch teilweise in deutschsprachigem Raum als hybrides Lernen bezeichnet.[20]

Durch die Kombination können die individuell gesetzten Ziele der Weiterbildungsmaßnahme bestmöglich umgesetzt werden. Diese Kombination trifft auf mehr Zustimmung als die rein elektronisch basierte Variante. Auch die Firma IBM verfolgt wirksam die Strategie, internet-basierte Lernmethoden, wie beispielsweise eine interaktive Onlinesimulation mit persönlich gestalteten Elementen zu kombinieren.[21]

Kritiker halten eLearning allerdings ausschließlich für die Vermittlung von generalisierbaren Inhalten sinnvoll. Selbst hierbei erfolgt der Einwand, dass „generalisierte Lerninhalte nur dann von den Lernenden als bedeutsame wahrgenommen und nachhaltig gelernt werden, wenn sie eng mit dem eigentlichen Lerngegenstand verflochten sind."[22] Bildungsprozesse seien nicht zu industrialisieren, weil einzig und allein der Diskurs für solche Prozesse konstitutiv sei.

[20] Vgl.: Arnold, P. / Kilian, L. / Thillosen, A. / Zimmer, G. (Hrsg.) (2004), S. 94-95.
[21] Vgl.: Nucleus Research Inc. (Hrsg.) (2001), http://www.nucleusresearch.com/research/b19.pdf.
[22] Arnold, P. / Kilian, L. / Thillosen, A. / Zimmer, G. (Hrsg.) (2004), S. 250.

5   Fazit

Den Möglichkeiten, die sich um das Thema eLearning sowohl Mitarbeitern eines Unternehmens als auch den Unternehmen selber eröffnen, scheinen kaum Grenzen gesetzt zu sein. Obwohl im Rahmen dieser Arbeit die Thematik nur ansatzweise betrachtet werden konnte, sind die wirtschaftlichen Potentiale doch deutlich zu erkennen. Ein durchdachtes eLearning-Konzept ist nicht nur schneller und kostengünstiger als konventionelle Weiterbildung, es ist auch effektiver.[23]

Es drängt sich allerdings die Frage auf, ob wir in unserer Gesellschaft schon für diese grundsätzlichen Veränderungen des Systems der betrieblichen Weiterbildung bereit sind.

Als Alternative zu Präsenzveranstaltungen kann eLearning auch aufgrund der noch weit verbreiteten Hemmnisse nicht angesehen werden, jedoch als sehr sinnvolle Ergänzung. Gerade vor dem Hintergrund der Selbstorganisation, ist es auch Personen, die zeitlich extrem eingespannt sind, möglich, Weiterbildungsmaßnahmen wahrzunehmen.

---

[23] Vgl.: THINQ's Research Department (Hrsg.) (o. Jg.), http://www.llmagazine.com/e_learn/resources/ pdfs/ROI_training.pdf.

Literaturverzeichnis

Arnold, P. / Kilian, L. / Thillosen, A. / Zimmer, G. (Hrsg.) (2004):

E-Learning: Handbuch für Hochschulen und Bildungszentren, Nürnberg 2004.

Harhoff, D. / Küpper, C. (2003):

Verbreitung und Akzeptanz von eLearning – Ergebnisse aus zwei Befragungnen, in: Dowling, M. / Eberspächer, J. / Picot, A. (Hrsg.) (2003): eLearning in Unternehmen: Neue Wege für Training und Weiterbildung, Berlin u. a. 2003.

Köllinger, P. (2002):

E-Learning in deutschen Unternehmen: Fallstudien – Konzepte – Implementierung, http://www.symposion.de/elearning-r/elr_02.htm, 22.01.05, 14.41 Uhr.

Mandl, H. / Winker, K. (2003):

Auf dem Weg zu einer neuen Weiterbildungskultur – Der Beitrag von eLearning in Unternehmen, in: Dowling, M. / Eberspächer, J. / Picot, A. (Hrsg.) (2003): eLearning in Unternehmen: Neue Wege für Training und Weiterbildung, Berlin u. a. 2003.

Nucleus Research Inc. (Hrsg.) (2001):

ROI Profile: IBM Mindspan Solutions IBM Basic Blue, URL: http://www.nucleusresearch.com/research/b19.pdf, 21.01.2005, 16.22 Uhr.

THINQ's Research Department (Hrsg.) (o. Jg.):

How E-Learning Can Increase ROI for Training, http://www.llmagazine.com/e_learn/resources/pdfs/ROI_training.pdf, 21.01.2005, 16.27 Uhr.

THINQ's Research Department (Hrsg.) (o. Jg.):

Migration from Classroom Instruction to E-Learning, http://www.llmagazine.com/e_learn/resources/pdfs/Migration.pdf 21.01.2005, 17.01 Uhr.